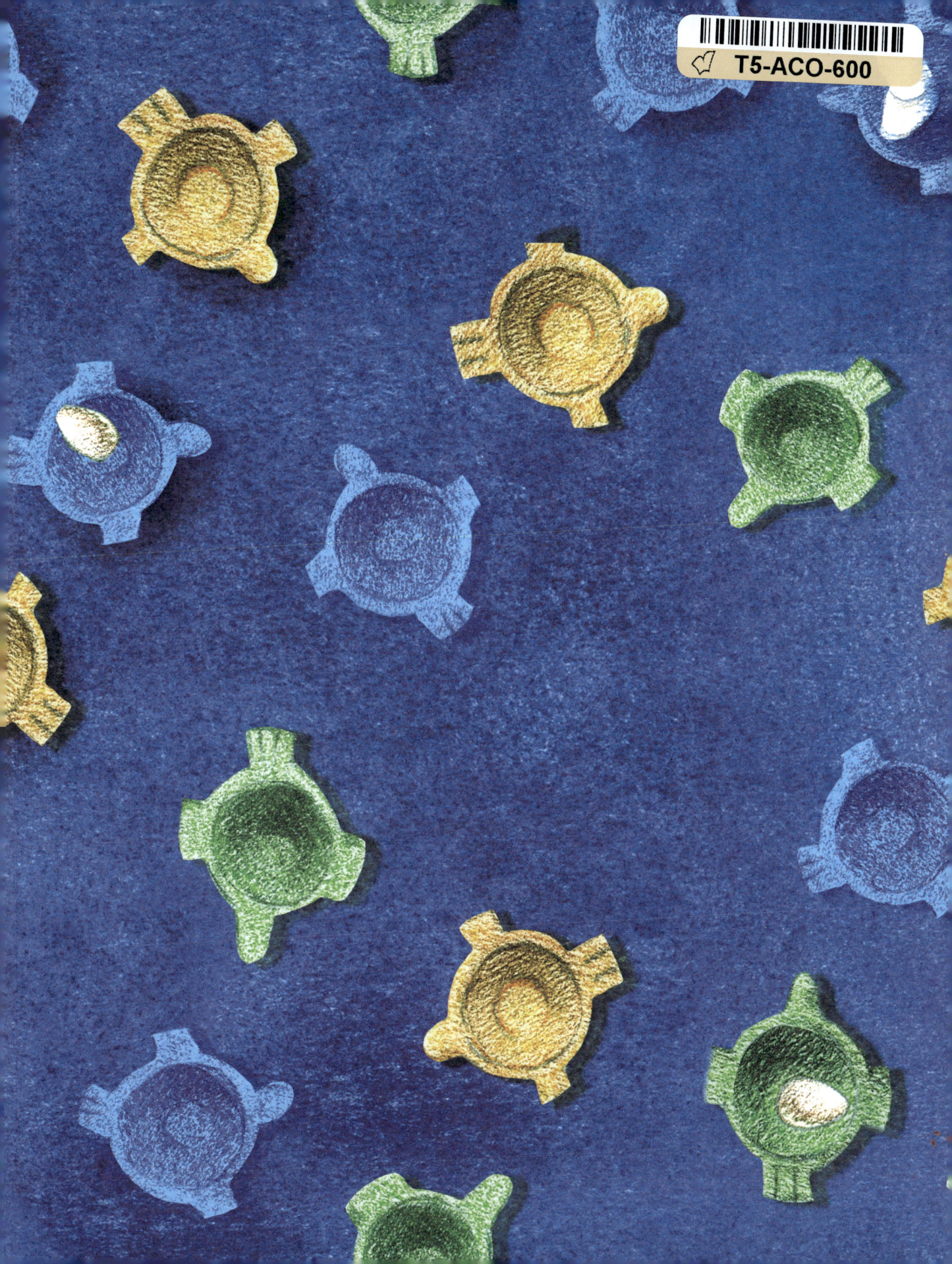

Original title: Chita, the Famous Chicken from Toto
Written © 2022 by Wayne J. Pitts
Illustrations © 2022 by María Paiz
Translation © 2022 by Gladys Teos de Molina
Editorial design © 2022 by Edna Coyoy

Published © 2022 by Vista Tranquila Publishers,
Lansing, North Carolina 28643 U.S.A.
www.vistatranquila.com

Título original: Chita, la Famosa Gallina de Toto
Escrito © 2022 por Wayne J. Pitts
Ilustraciones © 2022 por María Paiz
Traducción © 2022 por Gladys Teos de Molina
Diseño Editorial © 2022 por Edna Coyoy

Publicado © 2022 por Vista Tranquila Publishers,
Lansing, Carolina del Norte 28643 EE.UU.
www.vistatranquila.com

ISBN 978 - 1 - 7334252 - 4 - 7

All rights reserved. The total or partial reproduction of this work is not allowed, nor its incorporation into a computer system, nor its transmission in any form or by any means (electronic, mechanical, photocopy, recording or others) without prior written authorization of the owners of copyright. Violation of these rights may constitute a crime against intellectual property.

Todos los derechos reservados. No se permite la reproducción total o parcial de esta obra, ni su incorporación a un sistema informático, ni su transmisión en cualquier forma o por cualquier medio (electrónico, mecánico, fotocopia, grabación u otros) sin autorización previa y por escrito de los titulares del copyright. La infracción de dichos derechos puede constituir un delito contra la propiedad intelectual.

Printed in Guatemala · Impreso en Guatemala

Vista Tranquila
PUBLISHERS

Chita, the Famous Chicken from Toto

Chita, la Famosa Gallina de Toto

Written by Wayne J. Pitts
Illustrations by María Paiz

GUATEMALA SERIES

Diego was lonely, and he missed his best friend Conchita. She and her family traveled north last year. It's so sad when your friend moves away. What fun they had playing in the market and eating Cheetos together every Saturday!

Diego se sentía solo y extrañaba a su mejor amiga, Conchita. Ella y su familia viajaron al norte el año pasado. Es muy triste cuando tus amigos se mudan. ¡La pasaban tan bien jugando en el mercado y comiendo Cheetos juntos todos los sábados!

Diego lived with his grandparents in a place called Toto, a town high in the mountains of Guatemala. Late one afternoon, Diego found a lost chick in the market.

"Hello there," said Diego, gently picking up the scared chick in both hands.

"I guess you must be hungry," he said as he gave her a little crumb of his Cheetos.

Diego vivía con sus abuelitos en un lugar llamado Toto, un pueblo en el altiplano de Guatemala. Un día, al final de la tarde, Diego encontró una pollita perdida en el mercado.

"Hola amiguita", dijo Diego al cargar con cuidado a la asustada pollita en sus manos.

"Me imagino que tienes hambre", y le dio unas migas de Cheetos.

Diego asked the vendors, but no one knew where she came from. As the baby chicken pecked away at his Cheetos, he thought of his best friend Conchita and how much she loved Cheetos too. "Don't worry little Chita, I'll protect you." Determined to take care of his newfound friend, Diego hurried home to show his grandparents.

Diego le preguntó a los vendedores de dónde era, pero nadie sabía. Mientras la pollita picoteaba los Cheetos, Diego recordó a su mejor amiga Conchita y cómo a ella también le encantaban los Cheetos. "No te preocupes, pequeña Chita, yo te protegeré". Decidido a cuidar de su nueva amiga, Diego se fue de prisa a enseñársela a sus abuelitos.

Diego and Chita went everywhere together, except school. Chickens, regardless of how well behaved, are never allowed to go to school.

Diego found beans, tomatoes, corn, and tortillas for Chita to eat and he made sure she always had plenty of clean water. Sometimes, they searched for worms and bugs, especially in grandma's garden. And, every Saturday, they went to the market and shared a bag of Cheetos.

Diego y Chita iban juntos a todo lugar,
excepto a la escuela. Las gallinas,
sin importar qué tan bien portadas sean,
nunca pueden asistir a la escuela.
Diego encontró frijoles, tomates, maíz y
tortillas para que Chita pudiera comer,
y se aseguró que siempre tuviera
abundante agua limpia.

A veces buscaban gusanos y bichos,
en especial en el jardín de la abuela.
Y todos los sábados, iban al mercado
y compartían una bolsa de Cheetos.

One day, Diego's grandpa made
an announcement,
"chickens need chicken friends."

So, they went to the market and bought three more hens. Chita and her new flock of friends pecked and scratched around the yard all day. Soon, Diego began to find eggs in the most unpredictable places!

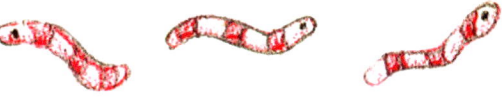

Un día, el abuelito de Diego dijo:
"las gallinas necesitan amigas gallinas".

Así que fueron al mercado y compraron tres gallinas más. Todo el día, Chita y su nueva bandada de amigas, picoteaban y rascaban el jardín. ¡Diego empezó a encontrar huevos en los lugares menos esperados!

Now, it is a well-known fact that most chickens don't do tricks, and few ever smile, but Chita wasn't like other chickens. Diego taught her to climb ramps and cross wooden bridges. And, she was even potty-trained - well, sort of....

Sabemos muy bien que las gallinas no son conocidas por hacer trucos, y pocas sonríen, pero Chita no era como las otras gallinas. Diego le enseñó a subir rampas y cruzar puentes de madera. Hasta podía usar el baño, bueno, más o menos.

Diego made many new friends and they all liked to visit Chita. As soon as Diego and his friends got home from school, Chita would come running to greet them.

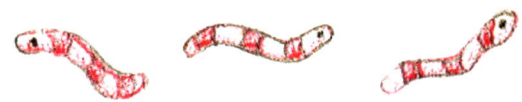

Diego hizo muchos amigos nuevos y a todos les gustaba visitar a Chita. Tan pronto Diego y sus amigos llegaban a la casa después de la escuela, Chita salía corriendo a saludarlos.

Chita loved to stand on Diego's shoulder and look at the pictures when he read books. When Diego's best friend, Conchita would call or send text messages, Chita posed for silly pictures.

Chita amaba pararse en el hombro de Diego y ver las fotos de los libros mientras él leía. Cuando la mejor amiga de Diego, Conchita, llamaba o enviaba mensajes de texto, Chita posaba para tomarse fotos chistosas.

She was so happy to hear that Diego had named his pet chicken after her. Sometimes on Saturdays, they would video chat and the three of them would eat Cheetos together.

Ella estaba muy feliz al enterarse que Diego le había puesto su nombre a su mascota. Algunas veces, los sábados, hacían video llamadas y los tres comían Cheetos juntos.

Diego and Chita often helped grandpa in his workshop. The old man would sit and spin at his potter's wheel for hours, expertly shaping clay into many useful things to sell at the market. Sometimes, Chita and Diego would go on long walks with Grandpa to sell their pottery.

Diego y Chita ayudaban al abuelo en su taller. El anciano se sentaba y giraba su torno de alfarero por horas, moldeando la arcilla como un experto, para transformarla en muchas cosas útiles y venderlas en el mercado. En ocasiones, Chita y Diego acompañaban al abuelito por largos caminos para vender sus tazones de barro.

Grandpa's friends were older and loved to have visits from Diego and Chita. He learned that old people told the best stories. They also gave the best snacks to chickens and boys.

Los amigos del abuelito eran ya mayores y les encantaba que Diego y Chita llegaran a saludar. Él aprendió que las personas mayores cuentan las mejores historias, y también dan las mejores refacciones para las gallinas y los niños.

"Good morning, Chita!" said Señor Menchú, the carpenter with the missing tooth. He smiled and tossed her a strawberry, one of her favorite treats. Everywhere Diego went with his grandpa to sell their pottery, people stopped to say hello to Chita.

"¡Buenos días, Chita!" dijo el señor Menchú, el carpintero cholco. Sonrió y le tiró a Chita una fresa, una de sus frutas favoritas. A cada lugar donde Diego iba junto con su abuelo a vender su cerámica, la gente lo detenía para saludar a Chita.

Un día, mientras ayudaba a hacer una fila de tazones idénticos, Diego preguntó: "abuelito, ¿por qué nuestros tazones se ven iguales que los de todos los demás en el mercado?".
"Bueno", dijo el abuelo pensativo, "esta es la manera que mi papá me enseñó a hacerlos, pero tú puedes hacer los tuyos".

Diego spent the whole afternoon, thinking about ideas for new bowl designs. Chita was worried when Diego didn't laugh at her antics. Feeling ignored, she hopped up into a bowl perfect for nesting to wait until Diego was in a better mood. Suddenly, Diego had a fantastic idea.

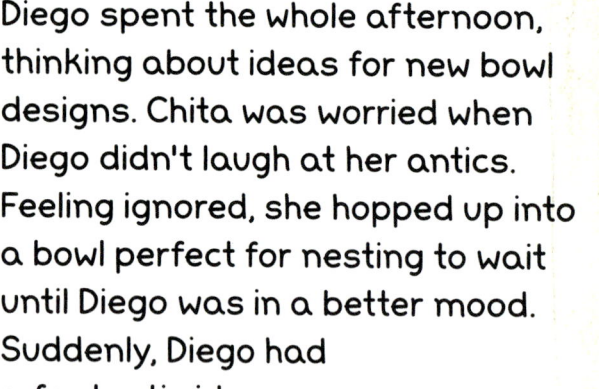

Diego pasó toda la tarde pensando en ideas y diseños para los nuevos tazones. Chita se preocupó cuando Diego no se rio de sus payasadas. Al sentirse ignorada, brincó dentro de un tazón, que resultó ser perfecto para sentarse a esperar a que Diego estuviera de mejor ánimo. De repente, Diego tuvo una idea fantástica.

"I'll make a bowl that looks like Chita!"

Diego went to work shaping a detailed chicken head out of clay with Chita's same clever smile.
He added two tiny wings and a tail, carefully attaching them to the rim of his bowl. His grandpa helped him fire them in a special oven made just for pottery so they would be very strong.

"¡Haré un tazón que se parezca a Chita!".

Diego se puso a trabajar y moldeó cuidadosamente la cabeza de una gallina con arcilla y le dibujó la sonrisa astuta de Chita. Agregó dos pequeñas alas y una cola y las unió cuidadosamente al borde del tazón. Su abuelito lo ayudó a cocerlos en su horno especial para cerámica para que estuvieran muy fuertes.

The night before market day, Diego could hardly sleep. He was so excited to see whether people would want to buy his colorful chicken bowls. Meanwhile, Chita snuggled in her nest and slept.

La noche anterior al día de mercado, Diego casi no pudo dormir. Estaba tan emocionado de saber si la gente iba a querer comprar sus tazones de gallinas coloridos. Mientras tanto, Chita se acurrucó en su nido y se durmió.

"Wow!" said Señora Lemus, "What a fantastic imagination you have Diego!"

She bought a red bowl for Colita, her brown and white cat with the broken tail. Señor Menchú laughed so hard when he saw the bowls that coffee came out of his nose!

"Chita, what a peculiar chicken you are!" He bought the blue and green bowls for his coins and paper clips.

"¡Vaya!", dijo la señora Lemus. "Qué fantástica imaginación tienes, Diego".

Compró un tazón rojo para Colita, su gata café con blanco que tiene la cola quebrada. ¡Al ver los tazones, el señor Menchú se rió tan fuerte que se le salió el café por la nariz!

"¡Púchica Chita, eres una gallina muy peculiar!". Compró los tazones azul y verde para sus monedas y clips para papel.

Soon, everyone in Toto heard about Diego's special bowls and wanted their own. Diego shipped one to Conchita as a special gift. The little chick, who was lost in the market, was now the most famous chicken in Toto!

Diego hugged Chita and he never felt lonely again.

Pronto, todos en Toto habían escuchado de los tazones especiales de Diego y querían los suyos. Diego le envió uno a Conchita como un regalo especial. ¡La pequeña pollita que estaba perdida en el mercado, era ahora la más famosa gallina de Toto!

Diego abrazó a Chita y nunca se volvió a sentir solo.

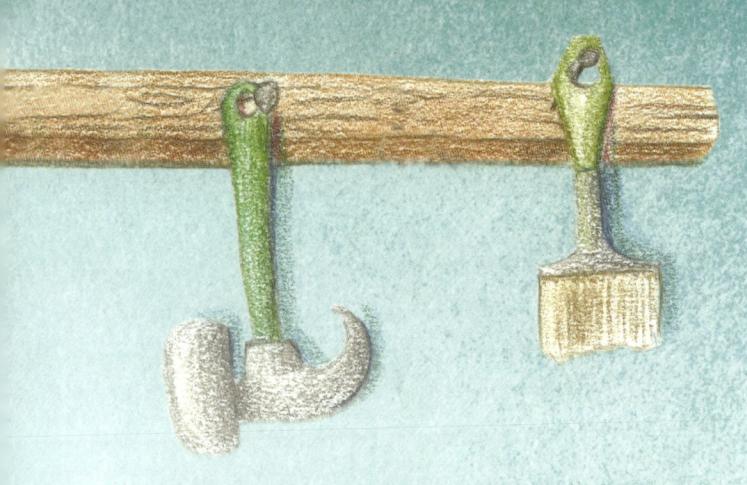

About the Author

Wayne J. Pitts was born and raised on a farm in Morganton, North Carolina. He has a B.A. in anthropology from Western Carolina University as well as a Master's degree and a Ph.D. in sociology from the University of New Mexico. He has nearly 30 years of experience traveling and living in various parts of Mexico and Central America.

Wayne loves reading to his nephews and nieces, tending to his chickens, and traveling in Guatemala! Perhaps it's no surprise that he was so fascinated by the colorful chicken bowls he discovered in Totonicapan in 2015. He made several trips back to the town, nestled in the Western Highlands, before he finally met the fellow who invented these curious bowls. Hiking far up on the mountainside, Wayne bought dozens of red, green, and blue bowls as gifts for his friends and family. The inventor of the tradition had several chickens in his workshop, which became the inspiration for this comical tale of Chita, the most famous chicken from Toto!

Sobre el autor

Wayne J. Pitts nació y se crió en una granja en Morganton, Carolina del Norte. Completó una licenciatura en antropología de la Western Carolina University, así como una maestría y un doctorado en sociología de la Universidad de Nuevo México. Tiene casi 30 años de experiencia viajando y viviendo en varias partes de México y Centroamérica.

¡A Wayne le encanta leerle a sus sobrinos y sobrinas, cuidar a sus gallinas y viajar por Guatemala! Quizás no sea una sorpresa que estuviera tan fascinado por los coloridos tazones de pollo que descubrió en Totonicapán en 2015. Hizo varios viajes de regreso a la ciudad, enclavada en las tierras del Altiplano Occidental, antes de conocer finalmente al señor que inventó. Caminando por la ladera de la montaña, Wayne compró docenas de tazones rojos, verdes y azules como regalo para sus amigos y familiares. El inventor de la tradición tenía varias gallinas en su taller, que se convirtieron en la inspiración para este cuento cómico de Chita, ¡La gallina más famosa de Toto!

About the Illustrator

María Andrée Paiz is a Guatemalan illustrator and designer. She has a degree in Graphic Design from the University del Istmo de Guatemala and a Master's degree in Communication from the same university. She is the illustration expert for the Guatemalan Scientific Illustration Collective and the Regional Advisor for the Guatemalan chapter of Society of Children's Book Writers and Illustrators. When she's not illustrating, she can be found learning a new art technique or practicing making pastries. This is her first time illustrating a children's book.

See more of her work on: www.instagram.com/mariapaizart

Sobre la Ilustradora

María Andrée Paiz es una ilustradora y diseñadora guatemalteca. Posee una licenciatura en Diseño Gráfico de la Universidad del Istmo de Guatemala y una maestría en Comunicación de la misma universidad. Es la experta en ilustración para el Colectivo de Ilustración Científica de Guatemala y la Consejera Regional para el capítulo guatemalteco de SCBWI (Society of Children's Books Writers and Illustrators). Cuando no está ilustrando, la pueden encontrar aprendiendo una nueva técnica de arte o practicando la pastelería. Esta es la primera vez que ilustra un libro para niños.

Vea más de su trabajo en: www.instagram.com/mariapaizart

Painting La Palma with Fernando Llort

The next book from Vista Tranquila Publishers is "Painting La Palma with Fernando Llort." Through colorful illustrations, María José Llort, introduces young readers to the life and work of her father, famous Salvadoran artist, Fernando Llort. Travel through time, tracing Fernando Llort's artistic development from El Salvador to Europe and then back home again. The artwork throughout the book honors the iconic la palma style that Llort created and made famous throughout the world. Written by Kimberly Mathis Pitts and illustrated by María José Llort, this engaging bilingual book will be released in 2022.

Pintando La Palma con Fernando Llort

El próximo libro de Editorial Vista Tranquila es "Pintando La Palma con Fernando Llort". A través de coloridas ilustraciones, María José Llort presenta a los jóvenes lectores la vida y obra de su padre, el famoso artista salvadoreño Fernando Llort. Viaja a través del tiempo siguiendo el camino artístico de Fernando Llort, desde El Salvador hasta Europa y luego de vuelta a casa. El arte a lo largo del libro honra el estilo icónico de la palma que Llort creó e hizo famoso en todo el mundo. Escrito por Kimberly Mathis Pitts e ilustrado por María José Llort, este interesante libro bilingüe se publicará en 2022.

Vista Tranquila Publishers began in 2019. Our mission is to publish quality, bilingual children's books with engaging stories and illustrations appealing to educators, parents, and most of all, children! We seek to inspire curiosity by emphasizing creativity and cultural awareness. Our first series of children's books focuses on Guatemala. Currently, we offer bilingual books in English/Spanish, French/Spanish, and German/Spanish. Vista Tranquila Publishers is a limited liability company with headquarters in Lansing, North Carolina, USA. See our website for products and other information: https://www.vistatranquila.com

Vista Tranquila Publishers se fundó en 2019. ¡Nuestra misión es publicar libros infantiles bilingües y de calidad con historias e ilustraciones atractivas para educadores, padres y, sobre todo, niños! Buscamos inspirar la curiosidad enfatizando la creatividad y la conciencia cultural. Nuestra primera serie de libros infantiles se centra en Guatemala. Actualmente, ofrecemos libros bilingües en inglés/español, francés/español y alemán/español. Vista Tranquila Publishers es una sociedad de responsabilidad limitada con sede en Lansing, Carolina del Norte, EE. UU. Visite nuestro sitio web para conocer nuestros productos y más información: https://www.vistatranquila.com

GUATEMALA SERIES

The Magical Skies of Sumpango
Los Cielos Mágicos de Sumpango

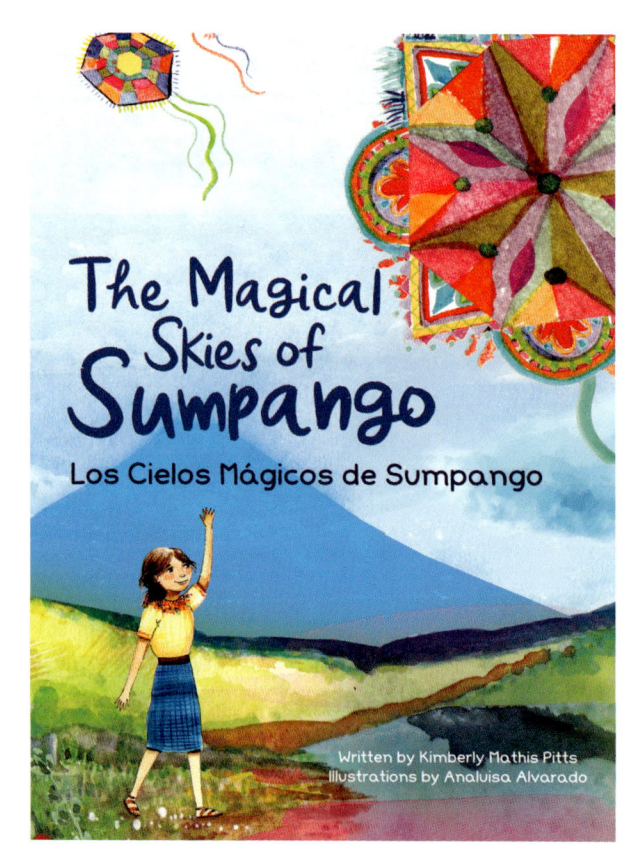

Written by Kimberly Mathis Pitts
Illustrations by Analuisa Alvarado

Published in 2019 as the first book in the Guatemala Series

Available in hardback:
ISBN: 978-1-7334252-0-9
US$19.97

Each year, the Guatemalan town of Sumpango hosts a Giant Kite Festival. Through the Magical Skies of Sumpango, a bilingual, English and Spanish children's book, readers are introduced to the colorful tradition of barriletes, or giant kites. The cultural significance of the All Saint's Day festival is told through the story of Maya, a young girl who is coming to terms with the death of her grandmother.

Cada año, la ciudad guatemalteca de Sumpango organiza un Festival de Barriletes Gigantes. A través de los Cielos Mágicos de Sumpango, un libro infantil bilingüe, inglés y español, los lectores son introducidos a la colorida tradición de los barriletes gigantes. El significado cultural de la fiesta del Día de Todos los Santos se cuenta a través de la historia de Maya, una niña que se enfrenta a la muerte de su abuela.

Vista Tranquila Publishers
www.vistatranquila.com